MÉMOIRE

SUR LA NÉCESSITÉ DE TRANSFÉRER DANS LA VILLE D'ARLES LE CHEF-LIEU DU TROISIÈME ARRONDISSEMENT COMMUNAL DU DÉPARTEMENT DES BOUCHES-DU-RHONE.

« Nous ordonnons que l'assemblée des *sept provinces des Gaules* se tienne annuellement dans la ville d'*Arles*, *autrement dite* de Constantin. Sa situation avantageuse la rend un lieu d'un si grand abord, et d'un commerce si florissant, qu'il n'y a point d'autres villes où l'on trouve si aisément à vendre, à acheter, à échanger le produit de toutes les contrées de la terre. Il semble que ces fruits renommés et dont chaque espéce ne parvient à sa perfection, que sous le climat particulier qu'ils rendent célébre, croissent dans les environs d'Arles. On y trouve encore à la fois les trésors de l'Orient, les parfums de l'Arabie, les délicatesses de la Syrie, les denrées de l'Afrique, les nobles animaux que l'Espagne éléve, et les armes qui se fabriquent dans les Gaules. Arles est enfin le lieu que la Méditerranée et le Rhône semblent avoir choisi pour y réunir leurs eaux, et pour en faire le rendez-vous des nations qui habitent sur les rives et sur les côtes qu'elles baignent. Que les Gaules aient donc quelque reconnoissance de l'attention que nous avons eue de choisir pour le lieu de leur assemblée, cette Ville de Constantin, où d'ailleurs il est si facile d'arriver, soit qu'on veuille s'y rendre par terre ou qu'on veuille y venir par eau ». *Édit de l'Empereur Honorius, du 15 des Kal. de mai, an de N. S. 418; Traduct. de l'abbé Dubos, Hist. de l'établissement de la Mon. Franç. dans les Gaules, Liv. II, Chap. V.*

A ARLES,

De l'Imprimerie de G. MESNIER fils, Place N. D. la Major, n.o 54.

An XII. — 1804.

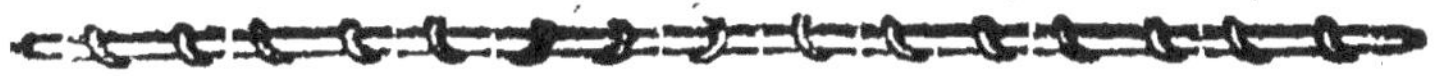

AVERTISSEMENT.

*Ce Mémoire n'étoit point destiné à l'impression. Un Citoyen * uniquement dirigé par le motif de contribuer de ses foibles moyens à faire rendre à sa patrie le lustre qu'elle n'a jamais mérité de perdre, l'avoit présenté au Citoyen Conseiller-d'État Préfet de ce département lors de son séjour en cette ville, pour servir de développement aux réclamations que l'administration municipale, et les habitans d'Arles ont successivement, depuis l'an 8, adressées au Gouvernement, en translation du chef-lieu du troisième arrondissement communal.*

Cette mesure est sollicitée moins pour l'avantage particulier des Arlésiens, que pour l'intérêt général de l'État. Le Conseil général du Département n'a pu se le dissimuler, et dans sa dernière session il a délibéré unanimement de prier le Gouvernement de provoquer une loi qui en ordonna l'adoption.

Quelques membres du Conseil d'arrondissement ont feint d'entrevoir dans cette démarche justifiée par les motifs les plus puissans, une usurpation sur leurs fonctions. Prenant aussitôt en main la défense de la ville de Tarascon, ils ont publié un mémoire, dans lequel ils ont essayé de soutenir, par des moyens qui ne sont rien moins que spécieux, les prétendus droits que cette ville croit avoir à la con-

* *Le Citoyen* BLAIN, *ex-Législateur.*

servation des établissemens publics dont elle est en possession depuis l'an 8.

Il eût été à désirer qu'ils se fussent bornés là, et n'eussent point sali leur mémoire par des personnalités, des invectives, des sarcasmes et des assertions fausses et mensongères, contre une ville dont au fond ils ne peuvent se dissimuler l'importance et les ressources qu'elle offre au restant de l'arrondissement.

L'auteur de celui-ci ne les imitera point. Il a répondu à quelques-uns de leurs moyens dans les notes dont il l'a accompagné ; les autres, ou ne méritent pas une discussion sérieuse, ou sont déjà suffisamment réfutés. Il y a joint quelques pièces justificatives, et une carte de l'arrondissement, qui prouve de la manière la plus victorieuse, que la centralité topographique *sur laquelle la ville de Tarascon s'appuye avec tant de présomption, n'est pas même en sa faveur. Son impression a retardé la publication de ce mémoire, dont l'auteur s'est empressé de faire hommage à la Mairie d'Arles, et que les pétitionnaires de l'an 11 ont adopté, pour servir de réponse à celui des membres du Conseil d'arrondissement.*

ERRATA ESSENTIEL.

Dans plusieurs exemplaires, pag. 18, ligne 11, *du nord*, lisez *de l'est.*

MÉMOIRE

SUR LA NÉCESSITÉ DE TRANSFÉRER DANS LA VILLE D'ARLES LE CHEF-LIEU DU TROISIÈME ARRONDISSEMENT COMMUNAL DU DÉPARTEMENT DES BOUCHES-DU-RHONE.

LA VILLE D'ARLES demande qu'on transfère dans ses murs, le siége de la Sous-Préfecture et celui du Tribunal de première instance du troisième Arrondissement du département des Bouches-du-Rhône, dont celle de Tarascon est en possession depuis l'an 8.

Cette translation est moins une faveur qu'elle réclame, que la réparation d'une grande erreur, également préjudiciable à la chose publique, aux intérêts des habitans du troisième arrondissement et à ceux des Arlésiens. Le développement subit de l'acte constitutionnel, le besoin d'organiser rapidement les autorités administratives et judiciaires, d'après les bases qu'il avoit déterminées, ne permirent pas au Gouvernement de s'en garantir. Quatre années d'expérience ont suffisamment démontré la nécessité de remédier enfin aux inconvéniens qu'elle entraîne.

Arles, capitale des terres adjacentes, Ville archiépiscopale, étoit de plus, sous l'ancien régime, le siége d'une Sénéchaussée, dont le vaste ressort embrassoit non seulement tout ce qui forme aujourd'hui le troisième arrondissement du département des Bouches-du-Rhône, mais encore une partie du second et quelques Communes comprises depuis dans le département de Vaucluse (*a*).

Elle possédoit en outre un Tribunal de l'Amirauté, une Maîtrise des ports, une Jurisdiction consulaire, la Justice des gabelles, l'Officialité métropolitaine.

Ses magistrats municipaux remplissoient les fonctions et jouissoient des honneurs de gouverneurs (*b*).

Son importance lui fit accorder en 1789, une députation particulière aux États-généraux. Elle l'avoit toujours obtenue, même dans les tems plus réculés (*c*).

(*a*) Les Communes de Salon, de Grans, etc. dans le second arrondissement; celles de Mondragon, de Grignan, etc. dans le département de Vaucluse.

(*b*) Déclaration du Roi, du 20 février 1620, enregistrée au parlement de Provence le 27 avril suivant.

(*c*) La ville d'Arles a représenté au Roi « qu'elle étoit au-

Quoique réputée avec raison la mère nourricière des départemens méridionaux, il s'en faut bien

---

ciennement une des villes libres, dites anséatiques ou impériales, qui se gouvernoient elles-mêmes; qu'elle a passé sous la domination des Comtes de Provence, ensuite sous celle de sa Majesté, en vertu de diverses capitulations qui lui conservent ses privilèges, droits et usages; qu'elle a son territoire particulier, son ancienne administration, qui, séparée du reste de la Provence, est régie par les deux ordres de la noblesse et du tiers; que le régime féodal y est inconnu, n'y ayant dans son territoire aucune terre noble; que les impositions y ont toujours été également réparties sur les deux ordres; que les lettres de convocation ont toujours été adressées au conseil municipal, pour nommer un député de l'état noble et un de l'ordre du tiers; que dans le moment où le Roi s'occupe de donner à toutes les provinces, la représentation la plus exacte, il est de sa justice de ne pas la priver de la députation qu'elle a toujours eue aux états-généraux; que par le réglement du 2 mars, elle est unie au reste de la Sénéchaussée, qui n'a ni la même administration, ni les mêmes intérêts; que même sa représentation y est réduite à vingt électeurs; que d'ailleurs elle ne s'est jamais assemblée que pardevant ses Maire-Consuls, qu'elle élit librement tous les ans, qui ont jusqu'aujourd'hui conservé la possession d'assembler pardevant eux tous les divers corps de la municipalité, et qui sont même les chefs de diverses jurisdictions, comme celle de la *Police*, celle de *Carreiriers* ou *Voyers*, celle d'*Estimateurs*; que sa Majesté a accordé la même grace aux villes de Strasbourg et de Valenciennes : en conséquence, elle la supplie de faire adresser aux Consuls d'Arles de nouveaux ordres, pour que la Ville nomme une députation à elle seule.

qu'elle soit au degré d'utilité et de produit que le Gouvernement auroit droit de s'en promettre.

L'agriculture, qui fait une de ses principales ressources, exige un accroissement de population qu'il est du plus grand intérêt de favoriser par tous les moyens possibles.

Des canaux nombreux de desséchement et d'arrosage destinés à fertiliser son terroir, des ouvrages de l'art entrepris à grands frais pour le garantir des trop fréquentes inondations du Rhône, sont aussi nécessaires à son existence, que le soleil qui le vivifie. Leur entretien réclame une surveillance locale et de tous les instans. L'expérience, depuis la révolution, n'a malheureusement que trop prouvé, que lorsque la ville d'Arles en sera privée et réduite à ses propres moyens, il en résultera pour elle et pour l'État des maux incalculables, et bien difficiles à réparer.

Ses communications maritimes avec les extrémités méridionales de la République ne peuvent s'augmen-

---

« Sa Majesté voulant conserver à la ville d'Arles ses droits et priviléges, et suivre dans la convocation aux états-généraux la forme de l'administration de ladite Ville, autant qu'il est possible de la concilier avec la véritable représentation de tous les sujets qui la composent, a ordonné et ordonne ce qui suit : article premier, etc. etc. » *Réglement pour l'exécution des lettres de convocation aux prochains états-généraux, dans la ville d'Arles, du 4 avril 1789.*

ter que par les soins paternels et journaliers des autorités protectrices de l'industrie et des arts (*d*).

(*d*) La ville d'Arles a été long-tems célèbre par son commerce et le génie marin de ses habitans. L'édit de l'Empéreur Honorius cité en tête de ce mémoire le prouve, et cela nous est confirmé par l'abbé Velly dans son histoire de France, tome I. pag. 500.

“ *La ville d'Arles, sous les premiers règnes des Mérovingiens*, dit-il, *étoit encore en réputation pour ses manufactures, pour ses broderies, pour ses ouvrages de rapport en or et en argent. C'étoit, ainsi que Narbonne et Marseille, l'abord de tous les vaisseaux d'Orient et d'Afrique. Elle communiquoit à Trèves une partie des richesses que les flottes étrangères lui apportoient. On les embarquoit sur le Rhône jusqu'à Lyon, de là conduites sur la Saône et le Doux, elles étoient mises à terre, ensuite voiturées jusqu'à la Moselle, qui les rendoit au lieu de leur destination. Ces beaux jours, par la fatalité des guerres, s'éclipsèrent insensiblement. Les Asiatiques et les Africains n'osèrent plus aborder dans nos ports. On vit alors qu'elle est la force des inclinations primitives et innées. Narbonne, Arles et Marseille conservèrent toujours le génie marin qui en avoit fait les entrepôts de l'univers. Elles entretenoient, sous les Carlovingiens, un certain nombre de vaisseaux qu'elles envoyoient commercer à Constantinople, à Gênes, à Pise. Les Lyonnois, unis aux Marseillois et aux Avignonois, avoient coutume d'aller deux fois l'an à Alexandrie, d'où ils rapportoient des parfums et autres marchandises qui se vendoient en Provence et dans tout le royaume* ”.

Tels furent, n'en doutons pas, les motifs puissans qui déterminèrent l'Assemblée constituante à réunir dans cette Ville tous les établissemens ad-

---

Le malheur des tems, le fléau des guerres auxquelles la ville d'Arles long-tems République, et digne émule de celles de Gènes et de Venise, fut forcée de prendre part, dans des tems plus réculés; sa dépopulation occasionnée par les pestes successives qui l'ont affligée depuis le seizième siècle, alors que le Gouvernement n'avoit point encore adopté les sages et rigoureuses dispositions qui nous en garantissent aujourd'hui; toutes ces causes réunies ont sans doute porté atteinte à son antique splendeur, et resserré les bornes de son commerce; mais elles n'ont point éteint, le génie de ses habitans, ni diminué les avantages de son heureuse situation. Elle possède encore les mêmes moyens, les mêmes ressources, et nous vivons enfin sous un Gouvernement qui n'aspire qu'à la gloire d'augmenter les richesses territoriales et industrielles de la République. Il arrêtera, n'en doutons pas, son regard paternel sur une Commune qui n'attend qu'un léger effort de sa part, pour voir se développer ces moyens, ces ressources, qui doivent la conduire à un degré étonnant de population et de richesses.

Et ne lui a-t-il pas déjà donné une bien grande preuve d'intérêt en ordonnant les travaux d'un canal se dirigeant d'Arles au golfe de Fos, dont les avantages inappréciables ne peuvent être contestés, et la construction des ponts sur les deux branches du Rhône, qui vont enfin procurer aux départemens méridionaux un nouveau point si désiré de liaison entr'eux, abréger de quelques myriamètres la route qui les conduit à Marseille et en Espagne, faciliter ainsi, multiplier et rendre plus rapides leurs relations commerciales?

ministratifs et judiciaires de district, et à lui conserver son Tribunal de commerce (*e*) ; bientôt après une école de navigation y fut établie (*f*), et quand la constitution de l'an 3 réduisit les Tribunaux civils à un seul par département, qu'elle fixa aux chefs-lieux, la ville d'Arles obtint néanmoins pour elle seule un Tribunal de police correctionnelle.

Devoit-elle s'attendre qu'un jour, réduite au rang d'un simple canton de village, elle seroit privée de tous les moyens qui peuvent le plus contribuer à sa prospérité, à l'accroissement de ses relations commerciales, et surtout à la conservation et à l'amélioration de son immense territoire, qui n'a besoin que de quelques légers encouragemens, pour rapporter à l'État les tributs de tout un département.

La nouvelle organisation lui a porté ce coup mortel, en fixant à son préjudice dans la ville de Tarascon, tous les établissemens publics.

Les habitans de la ville d'Arles n'ont cessé de-

(*e*) A cette époque la ville de Tarascon ne put obtenir ces mêmes établissemens, qu'en alternant avec celle de St. Remy ; et si postérieurement elle conserva exclusivement le chef-lieu de l'administration, ce ne fut que sous la condition que St. Remy posséderoit le Tribunal. *Décrets des 15 janvier, 16, 26 février, et 23 août 1790.*

(*f*) Loi du 30 vendémiaire an 4, Tit. IX, Art. III, concernant les écoles de service public.

puis de réclamer contre un ordre de choses qui porte la ruine et la mort dans leur cité, sans aucune espèce d'utilité et d'avantage pour le reste de l'arrondissement (*g*).

(*g*) Dès le 18 germinal an 8, l'Administration municipale adressa sa réclamation au Gouvernement. Elle a été renouvellée depuis dans une pétition appuyée par la Mairie, que les habitans d'Arles usant du droit que leur donne l'article 83 de l'acte constitutionnel, ont présentée le 10 germinal an 11 au Chef suprême de la République, par l'intermédiaire du citoyen Conseiller d'État Prefet. Quelques membres du Conseil d'arrondissement se constituant partie dans cette lutte, au lieu de se renfermer dans les bornes de cette impartialité sévère qui convient si bien à leurs fonctions, viennent de se permettre, dans un mémoire imprimé, page 10 et 12, de qualifier ces réclamations, de *scandaleuses*; de les présenter, comme *la censure des actes du Gouvernement et l'ouvrage de l'intrigue*. Nous ne répondrons point à ces personnalités, auxquelles les Arlésiens ne devoient point s'attendre, non plus qu'à la note indécente qu'on lit page 12 de ce mémoire, où, sous prétexte de réfuter l'un des motifs les plus puissans allégués en faveur de la translation, ils avancent *qu'il conviendroit d'éloigner d'Arles les moyens d'alimenter cet esprit processif qui distingue ses habitans.* Le Gouvernement saura appécier ce sarcasme odieux et indigne des administrateurs qui l'ont employé aussi gratuitement. Il jugera par ce seul trait, quelle foi il doit ajouter à une décision marquée au coin de la plus injuste et de la plus étonnante prévention, prise en l'absence de cinq de leurs collégues qui auroient pu balancer leur opinion et leur prouver les avantages d'un changement que les Arlésiens ont pu demander sans crime, sans même qu'on pût les soupçonner d'une *inquiète* et ambitieuse jalousie qui veut tout *sacrifier à ses propres intérêts.*

Honorés de la présence du premier Magistrat de ce département, empressons-nous de profiter de cette heureuse occasion si long-tems désirée, pour mettre sous ses yeux les titres que cette cité intéressante a, non à la faveur, mais à la justice et à la protection du Gouvernement. Espérons tout de son zèle pour la chose publique. La visite qu'il vient de faire de son immense et précieux territoire, les renseignemens qu'il a recueillis sur la possibilité et le besoin d'y réparer de grands maux, les moyens d'amélioration qu'il y a apperçus, l'ont déjà, nous n'en doutons pas, convaincu de la puissance et de la légitimité des motifs qui militent en faveur de la translation demandée.

De toutes les Communes du troisième arrondissement des Bouches-du-Rhône, la Ville d'Arles est sans contredit la plus importante, sous les rapports de la population, du territoire, des contributions publiques et des relations commerciales.

Huit justices de paix composent cet arrondissement.

La ville d'Arles en possède deux (*h*).

(*h*) L'assemblée constituante, par son décret du 5 novembre 1790, y en avoit établi trois, sur la demande du Département des Bouches-du-Rhône, qui en avoit reconnu la nécessité; si l'on fait attention à l'immense étendue du territoire d'Arles, à la multiplicité des affaires judiciaires qu'il fournit, et qui le plus souvent exigent le déplacement des Juges

Leur population réunie est d'environ 27,000 habitans, dont 20,000 au moins résident *intra muros*. Nous n'ignorons pas que divers états ont présenté cette population comme moins considérable; mais ils furent dictés par des intérêts particuliers aux administrateurs qui les fournirent. Ils ne prévaudront pas sur l'exacte vérité.

La population des autres six justices de paix n'offre qu'un ensemble d'environ 39,000 habitans, dont au plus 9000 appartiennent à Tarascon.

Les deux justices de paix de la ville d'Arles forment donc les six seizièmes deux tiers ou près de la moitié de la population de l'arrondissement.

La superficie du troisième arrondissement est d'environ 2730 kilomètres quarrés ou 182 lieues de 2000 toises.

Le seul territoire des deux justices de paix d'Arles en embrasse 1510 kilomètres carrés ou 100 lieues deux tiers, et par conséquent les neuf seizièmes ou au delà de la moitié de la superficie de tout l'arrondissement.

Enfin les deux justices de paix de la ville d'Arles payent à elles seules les dix vingt-quatrièmes, c'est-

---

de paix, on jugera sans peine qu'il eût peut-être convenu de laisser subsister cet ordre de choses, surtout en réunissant à ces deux justices de paix les Communes de Fontvielle et de Mas-blanc qui en avoient formé une séparée jusqu'alors.

à-dire, encore près de la moitié des contributions directes de l'arrondissement (*i*); et de combien la recette qui s'y fait des contributions indirectes n'y excède-t-elle pas celle des autres Communes ? cela se conçoit aisément et n'a pas besoin de preuves. Là où réside une population plus nombreuse; là où sont assis un nombre plus considérable de domaines, et quels domaines! quelques-uns sont aussi vastes que le territoire de certaines Communes (*j*); là, disons-nous, les transactions sociales, les mutations, les affaires judiciaires sont plus fréquentes et donnent par conséquent plus souvent ouverture aux droits de la régie des domaines, de l'enregistrement et du timbre (*k*).

(*i*) Voyez le tableau comparatif des contributions directes de l'arrondissement, aux pièces justificatives à la fin du mémoire.

(*j*) Le domaine de la Vignole, de Seignoret, de Mejanes, de Boisviel, de Faramand, du Pont-de-Rousty, de Filouze, de Leisselle, etc. etc. ceux surtout de Salliers, du Mas Thibert et de Gimeau, qui, par les ventes partielles qui en ont été faites, sont devenues, de simples fermes qu'elles étoient avant la révolution, tout autant de Bourgades déjà fort peuplées, et qui prennent chaque jour un nouvel accroissement; il y a de plus en Crau, le hameau de Moulés, celui de St. Martin et celui de Raphele, dont la population réunie s'élève à 3000 habitans au moins.

(*k*) Voyez le tableau comparatif des contributions indirectes. Une grande population, un territoire d'une étendue égale à la

On a beaucoup parlé de la centralité topographique que la ville de Tarascon assure être en sa faveur, et devoir lui donner gain de cause sur celle d'Arles ; comme si le centre topographique plutôt que le centre des affaires et des relations commerciales devoit décider du placement des établissemens publics. Mais même sous ce rapport, sa prétention n'est pas plus fondée ; il n'y a qu'à jeter un coup d'œil sur la carte (*l*). Arles est placée au point le plus central de l'arrondissement.

On trouve en effet une distance d'environ 63 kilomètres ou 16 lieues de la commune de Nôtre-Dame-de-la-Mer à celle de Barbentane, qui sont aux deux extrêmités de l'arrondissement. La ville d'Arles est à 33 kilomètres ou huit lieues et demi de la première, et à 30 kilomètres ou sept lieues deux tiers de la seconde, tandis que la ville de Ta-

---

moitié de l'arrondissement et couvert de domaines très-importans occupent journellement dix notaires établis dans la ville d'Arles, par des actes relatifs non seulement à l'agriculture, mais encore au commerce et à la navigation. L'éloignement du bureau des hypothèques entraîne des lenteurs préjudiciables, et souvent précipite dans des mauvaises affaires, que les parties eussent évitées si elles avoient été à portée d'y puiser les renseignemens qui leur étoient nécessaires. Aussi beaucoup de ces affaires restent-elles sans conclusion. Malgré cela on peut assurer que le nombre de celles qui la reçoivent sont au moins au pair de celles du reste de l'arrondissement.

(*l*) Elle se trouve à la suite de ce mémoire.

rascon est éloignée de 48 kilomètres ou douze lieues et demi de Nôtre-Dame-de-la-Mer, et ne l'est que de 15 kilomètres ou trois lieues deux tiers de Barbentane, c'est-à-dire, qu'elle est presque à l'une des extrêmités de l'arrondissement.

Les autres Communes ne sont tout au plus éloignées du point le plus central, Arles, que de 20 à 30 kilomètres, cinq ou huit lieues; et si quelques-unes le sont de 40 ou 47 kilomètres ou dix à douze lieues, c'est la même distance qu'elles ont à parcourir pour arriver à Tarascon.

Nous ne dirons rien de la centralité des propriétés ; elle est incontestablement en faveur de la ville d'Arles, puisque son territoire seul comprend plus de la moitié de la superficie de l'arrondissement, et paye les dix vingt-quatrièmes de ses impositions directes.

Elle a de plus la centralité des relations. Par son marché qui se tient les mardi et samedi de chaque semaine, elle est depuis long-tems le point de communication commerciale avec l'arrondissement (*m*). Ce marché est l'unique débouché des denrées qui s'y recueillent. C'est là que les habitans de toutes les Communes viennent régulière-

(*m*) Indépendamment de ces marchés hebdomadaires et toujours extrêmement fréquentés, il s'en tient un autre tous les samedi pendant six semaines, depuis la mi-Brumaire jusqu'à la veille de la Noël. Ces marchés, pendant lesquels il se

ment les porter, et s'approvisionner de celles qui leur manquent, ainsi que des marchandises dont Arles est l'entrepôt. L'absence des autorités administratives et judiciaires n'a rien changé à cet ordre de choses établi depuis un tems immémorial. Jadis leurs besoins autant que leurs procès les attiroient; aujourd'hui ils ne peuvent pas davantage se dispenser d'y venir. Nulle part ailleurs, ils ne trouveroient les mêmes ressources pour les uns, comme pour les autres, ainsi que nous le dirons bientôt.

Opposera-t-on la difficulté de communications! mais a t-elle jamais mis obstacle aux relations de toute espèce dont il est prouvé que la ville d'Arles a été de tout tems le centre? Aux époques désastreuses des inondations du Rhône, cette difficulté, il est vrai, existe momentanément pour quelques petites Communes au nord de l'arrondissement; mais le même inconvénient n'existe-t-il pas, aujourd'hui que les autorités constituées sont fixées à Tarascon; n'existe-t-il pas, disons-nous, pour

---

vend au-delà de 30,000 bêtes à laine, sont le rendez-vous des départemens environnans, qui viennent s'y pourvoir de ces utiles et précieux animaux.

Il y a en outre à Arles, le 3 mai ou 13 floréal de chaque année, une foire célèbre, dite *la foire de la Croix*, pour la vente des laines, des agneaux, des chevaux, bêtes de labour et de somme, qui attire également un concours prodigieux d'étrangers.

Arles, la ville la plus populeuse, celle qui fournit le plus grand nombre d'affaires administratives et judiciaires, et pour toutes les Communes du nord et nord-est, dont les routes qui les conduisent à Tarascon sont également couvertes d'eau aussi long-tems que celles d'Arles. D'ailleurs si les communications deviennent alors un peu plus difficiles, sont-elles jamais entièrement interceptées? Et ces petites Communes pour lesquelles on témoigne tant d'intérêt cessent-elles de fréquenter les marchés d'Arles? une route presque aussi courte les y conduit. Au surplus, les réparations projetées à la chaussée du Rhône, depuis Tarascon jusques à Arles, et qui ne peuvent être long-tems différées, leur offriront bientôt une route également belle, sûre et commode dans tous les tems de l'année.

Mais *le climat de la ville d'Arles est pestilentiel, l'air y dévore ses habitans; pendant trois mois de l'année, la mort y étend son crêpe funèbre, etc.*

Voilà, voilà, nous n'en doutons pas, ce qu'à défaut d'autres moyens, une prévention absurde ne manquera pas d'opposer, comme un obstacle insurmontable à la translation demandée; et cela sur la foi de quelques écrivains qui, ayant ouï parler des marais d'Arles, ou ne les ayant vu qu'en courant, se sont hâtés de consigner dans leurs ouvrages ces assertions fausses et mensongères que la force de la vérité les a bientôt après obligé à rétracter (n)

(n) Quelques écrivains modernes, entr'autres Darluc et Papon, dans leurs histoires de Provence, ont en effet attesté la prétendue insalubrité du climat d'Arles. Papon écrivoit en 1774, à une époque où une funeste épidémie, l'unique depuis la peste de 1720, exerçoit ses ravages dans cette Ville. L'attribuant à l'influence des marais, tandis qu'elle n'eut d'autre cause que les chaleurs excessives qui régnèrent pendant l'été de cette année, il disoit, *tom. I, pag. 291* : " *en faisant réflexion aux établissemens en tout genre que les Empereurs firent dans cette Ville, on ne peut s'empêcher de croire que l'air y étoit plus sain qu'aujourd'hui. Jamais ils n'en auroient fait la capitale de la Gaule romaine, ni la demeure des principaux officiers, si les exhalaisons infectes des marais y eussent entretenu pendant trois mois, ces maladies qui dévorent ses habitans* ".

Papon avoit ainsi publié une grande fausseté, plus faite pour décréditer son histoire que le pays qu'elle concernoit. Il l'avoit publiée sur la foi d'autrui, de Darluc entr'autres, qui cependant s'en étoit rétracté. Éclairé par une expérience de dix années, il ne voulut pas terminer son ouvrage, sans démentir une assertion qu'il avoit aussi légèrement hasardée : voici ce qu'on lit dans le tome IV, pag. 701 de son histoire. " *Nous avions dit que le climat de cette ville d'Arles étoit fort mal sain, il faut convenir que dans le tems que nous faisions cet article, nous n'étions que trop confirmés dans cette idée par les ravages que fesoit à Arles une maladie épidémique. Depuis cette époque, il s'est écoulé plus de dix ans, sans que nous*

Le

Le climat d'Arles est pestilentiel ! mais une longue expérience ne justifie-t-elle pas au contraire,

---

ayons remarqué rien d'extraordinaire dans le climat. Il est vrai que les marais situés au levant de cette ville, seroient un foyer de corruption, si les vents d'ouest et de nord-ouest qui soufflent fréquemment n'écartoient au loin les exhalaisons et ne leur donnoient très-peu d'influence sur les habitans. AUSSI REMARQUE-T-ON QU'IL Y A PARMI EUX BEAUCOUP DE VIEILLARDS, ET QU'EN GÉNÉRAL LA JEUNESSE DE CETTE VILLE A UN AIR DE FRAICHEUR ET DE SANTÉ QU'ON TROUVE RAREMENT AILLEURS.

N'est-il pas surprenant après cela, que les membres du Conseil d'arrondissement feignent (page 10 de leur mémoire) de craindre pour les jours des administrés et justiciables qui seroient obligés de fréquenter Arles et d'y séjourner pour leurs affaires ? A les entendre, ils y *contracteroient des maladies dont cette ville est le foyer ; ils ne retourneroient chez eux que pour en répandre le germe fatal dans le sein de leurs familles ; on ne peut sacrifier à la convenance et à l'ambition des Arlésiens la santé de la grande majorité des habitans de l'arrondissement ;* cette santé qui leur tient tant à cœur, ne peut se conserver qu'à Tarascon, où *elle a établi son empire*, tandis qu'*à Arles la mort plane sur toutes le têtes.*

O la belle apparence de sollicitude paternelle ! mais elle n'a pas plus de réalité que les dangers qui lui servent de prétexte. Les membres du conseil se font bien illusion, s'ils se sont flattés d'en imposer au Gouvernement, par des assertions aussi fausses, par des craintes aussi chimériques.

Qu'ils s'instruisent, et ils sauront 1.° que ce ne sont pas les exhalaisons des eaux stagnantes qui occasionnent les maladies contagieuses, mais bien celles qui sont imprégnées de

que malgré la chaine de marais qui l'avoisine à l'est de la branche orientale du Rhône, il y a

---

substances animales putréfiées; 2.° Que les vents portant au loin les effluves marécageux, les paluds exercent leur influence sur les habitations même qui en sont fort éloignées.

Qu'ils fassent attention ensuite que Tarascon n'est qu'à quelques kilomètres des marais situés à l'est d'Arles, qu'elle est à côté de ceux de St. Gabriel, qui font partie de son territoire; qu'elle n'est pas éloignée de ceux de Maillane, de Graveson, de Mollegés, de Maussane, du Paradou, de Mouriés, de Fontvielle, etc. etc.; que le moindre vent du sud et du nord lui porte le tribut de leurs effluves marécageux; qu'elle a de plus autour de ses remparts, et jusqu'au milieu de ses promenades, des canaux de vuidanges, des égouts découverts infectés de toutes les immondices de la ville qui abondent en substances animales putréfiées, et occasionnent à ses habitans des maladies plus dangereuses, plus contagieuses que celles qu'ils craignent de contracter dans Arles; enfin, que les fièvres intermittentes et remittentes, d'après les observations des citoyens Moublet-Gras, dans son mémoire resté manuscrit aux archives de la société de médecine de Paris, et Richard, dans le journal de médecine du mois de ventôse dernier, y sont aussi endémiques qu'à la ville d'Arles; et ils conviendront, s'ils sont de bonne foi, que même du côté de la santé, Tarascon ne peut prétendre de l'emporter sur Arles (*vide le tableau comparatif des décès de ces deux villes à la fin de ce mémoire, qui prouve qu'au moins ils sont annuellement en nombre égal* (sur Arles qui offre un quai superbe sur les bords du fleuve, où l'on peut respirer à toutes les heures du jour l'air le plus pur, des promenades délicieuses, ombragées par une végétation vigoureuse, des égouts lavés continuellement par les eaux vives et fertilisantes de la durance, et une vaste et belle cam-

peu de pays en France où les épidémies et toutes sortes de maladies malignes soient plus rares; que la fréquence des vents qui circulent librement dans la vaste plaine qui forme son territoire, dépure l'air en l'agitant en tout sens, prévient la stagnation des eaux, leur putréfaction, et éloigne ainsi les maladies qui en seroient le résultat; enfin que les vapeurs ainsi atténuées qui peuvent encore, malgré cela, s'exhaler de ces marais, ne laissent guères appercevoir leurs impressions mal-faisantes, qui cependant ne sont jamais bien meurtrières, que dans les habitations bâties sur les bords et dans le sein des terrains marécageux.

Ne dissimulons pas néanmoins que l'intérêt de cette contrée réclame impérieusement que les ouvrages entrepris en 1642 pour les desséchemens, que la chaussée du Rhône destinée à prévenir les débordemens de ce fleuve, soient enfin réparés et entretenus avec soin. Les uns et l'autre sont parvenus à un état de dégradation effrayant que les malheurs des circonstances peuvent seuls faire excuser. Une plus longue négligence seroit désastreuse. Ce vaste et fertile terrain que la nature a destiné à la production des denrées les plus précieuses,

---

pagne toute découverte, où rien n'arrête l'influence salutaire des vents du sud, ouest et nord-ouest qui dominent dans la contrée.

enlevé désormais à l'agriculture, se trouveroit enfin enseveli sous les eaux, ou couvert d'une bourbe profonde et fétide, dont on ne tarderoit pas à éprouver les funestes effets, parce qu'alors la force des vents seroit insuffisante pour contre-balancer la plus grande masse d'exhalaisons putrides qui en sortiroient et infecteroient non seulement Arles, mais tout l'arrondissement, et s'étendroient jusqu'aux départemens environnans.

Mais qui peut mieux que la présence habituelle du Magistrat à qui le Gouvernement a confié le soin de l'administration publique de cet arrondissement, concourir à prévenir ces maux, à encourager, activer, régulariser les travaux nécessaires pour procurer le bienfait si désiré d'une dessication absolue, qui interesse autant Arles que le reste de l'arrondissement, et qui présente tant et de si grands avantages sous les rapports de la population, de la richesse, de la salubrité de l'air, et de la santé des citoyens ?

A tous ces titres, la ville d'Arles joint encore les considérations les plus puissantes.

La très-grande majorité des affaires administratives et judiciaires qui sont portées à la Sous-Préfecture, au Tribunal de première instance et à celui de Police correctionnelle (*o*), viennent de ses deux

(*o*) De petites Communes disséminées dans un vaste ar-

justices de paix ; à peine le reste de l'arrondissement en fournit-il un tiers.

Le haut prix de la main d'œuvre, des fermages et des loyers, fait que peu de causes sont susceptibles d'y être jugées en dernier ressort par les juges de paix, tandis que le contraire existe dans les autres Communes, même à Tarascon (*p*).

---

rondissement, offrent sans contredit moins d'affaires de la compétence de ce Tribunal, qu'une grande Ville où les hommes se trouvant infiniment plus rapprochés, les rixes, et surtout les délits relatifs aux bois et aux productions de la terre, sont nécessairement plus fréquens. Depuis qu'il se trouve éloigné d'Arles, l'expérience n'a malheureusement que trop prouvé qu'ils s'y multiplient à raison de la difficulté de la repression, et de la lenteur de la réparation que les propriétaires sacrifient au désagrément d'un déplacement toujours pénible et dispendieux. Il est peu de territoire plus propre à la production des bois que celui d'Arles. La nature du sol, l'irrigation des eaux du Rhône en facilitent la naissance, en accélèrent l'accroissement. L'ormeau surtout y devient en peu de tems un bel arbre. Toutes les campagnes en étoient autrefois couvertes. C'étoit une ressource précieuse pour l'arsenal de Toulon. Ils ont été la proie des dévastateurs qui, enhardis par l'impunité, continuent d'arracher journellement le peu qui en reste, au grand détriment de l'État et des particuliers.

(*p*) Un bureau de recette de la Douane est établi dans Arles, comme ville frontière du côté de la Mer. La perception des droits entraîne souvent des contestations. Les lois attribuent la connoissance de quelques unes aux juges de paix. Les autres sont de la compétence du Tribunal de première instance.

La majeure partie des juges, tous les hommes de loi sont Arlésiens (*q*). Quel secours en ce genre pouvoit offrir la ville de Tarascon, qui de tout tems n'avoit eu qu'une simple Judicature royale, ressortissant à la Sénéchaussée d'Arles.

La résidence de tous les hommes de loi à Arles, oblige nécessairement les plaideurs à se rendre d'abord dans cette ville, pour y trouver les secours nécessaires à leur défense, et à retourner ensuite à Tarascon, pour être presens aux plaidoiries et au jugement. Aussi en résulte-t-il pour les justiciables un double déplacement et des dépenses plus considérables. Et comme le nombre des affaires en éloigne souvent la décision et en rend l'époque incertaine, on conçoit aisément combien ces déplacemens ruineux se multiplient.

En général toutes celles portées aux juges de paix d'Arles, sont par leur importance sujettes à l'appel. L'action de la justice seroit moins lente, et les frais bien moins considérables, si le Tribunal étoit sur les lieux même. *Voyez à la fin du mémoire le certificat du Receveur et de l'Inspecteur principal de la Douane d'Arles.*

(*q*) Les Citoyens Ripert président et Martin juge sont natifs et domiciliés à Arles, dont ils sont deux des principaux propriétaires. Le Citoyen Venture, Commissaire du Gouvernement, n'a pas, il est vrai, reçu le jour dans nos murs, mais il y résidoit depuis long-tems avant la révolution; il y a exercé ses droits de Citoyen, et certainement il n'a point renoncé à sa patrie adoptive, qui le regarde toujours comme un de ses enfans.

Ces inconvéniens ne sont-ils pas suffisans, pour démontrer la nécessité de placer le siége des autorités, là où les secours abondent, là où la majorité

Malgré l'assertion contraire des membres du Conseil d'arrondissement, nous persisterons à soutenir que tous les hommes de loi sont Arlésiens, et que seuls avec le Citoyen Germanes de St. Remy, ils ont jusqu'à présent défendu toutes les causes portées devant le Tribunal. Nous invoquons à cet égard le témoignage des magistrats qui le composent, celui même des avoués, si l'adhésion que six d'entr'eux viennent de donner aux démarches de nos adversaires, leur permet encore de s'expliquer. Au surplus, nous invitons les membres du Conseil à nous faire connoître *les magistrats et jurisconsultes recommandables dont le restant de l'arrondissement doit se faire honneur.* Ils ne doivent point cacher la lumière sous le boisseau, et les hommes de loi d'Arles s'empresseront de former et resserrer avec eux cette liaison d'estime et de savoir, qui a de tout tems uni les hommes qui se sont consacrés à l'honorable profession des lois.

Quinze places d'avoués ont été établies près le Tribunal. Sept seulement depuis quatre années ont pu être remplies, dont deux par des Arlésiens. A l'instant de la translation dans Arles, elles le seroient toutes : les sujets ne manqueroient pas. Le plus grand nombre des procureurs exerçant près les anciennes jurisdictions de cette ville vit encore ; pères de famille et propriétaires dans leur patrie, ils ont jugé qu'un déplacement porteroit un trop grand préjudice à leurs affaires, et n'ont renoncé que par cette considération à un état qu'ils ont toujours honoré par leur probité, et qu'ils s'empresseront de reprendre, aussitôt qu'ils le pourront, sans être obligés d'abandonner les soins qu'ils doivent à leurs propriétés.

des administrés et des justiciables a le plus d'intérêts, et des intérêts plus majeurs à discuter et à défendre, là où tous trouveront à moindres frais, des juges, des défenseurs, des avoués.

Tel est l'esprit qui anime aujourd'hui le Gouvernement. Tel est le vœu des Arlésiens, fondé sur une expérience de plus de quatre années : tel sera sans doute celui des habitans du troisième arrondissement, si leurs véritables intérêts leur sont chers, et s'ils se dépouillent de l'injuste prévention qu'on cherche à leur inspirer contre la ville d'Arles (*r*).

(*r*) On oppose en faveur de la ville de Tarascon le vœu des Communes de l'arrondissement. Nous ne connoissons encore que celui de leurs Maires, consigné dans la pétition adressée le 24 germinal an 11 aux Ministres de la justice et et de l'intérieur. Mais ce vœu est-il bien celui de leurs administrés ? ne leur a-t-il pas été surpris par celui de Tarascon, qui eut soin de les réunir auprès de lui ? Avant de se livrer à une démarche aussi inconstitutionnelle qu'inconsidérée, ont-ils bien connu, balancé *toutes les raisons de localité, de convenance et d'intérêt public* qui militent en faveur de la ville d'Arles ? N'ont-ils pas menti à leur propre conscience, lorsqu'ils ont si imprudemment avancé que cette ville, *purement réduite à elle-même, n'a de communication avec aucune Commune* du Département, *que son existence n'est que pour elle seule, et que les autres Communes n'ont aucun lieu de correspondance avec elle, ni aucun motif de liaison, de localité*, tandis qu'ils ne peuvent ignorer au moins que les marchés hebdomadaires d'Arles sont le rendez-vous de leurs concitoyens ; que leurs culti-

Mais tout n'est pas dit en faveur de sa réclamation. elle a encore à faire valoir des intérêts plus majeurs, ceux du commerce, de la navigation, de l'agriculture, qui sollicitent, autant et plus qu'elle, la translation dans ses murs, du Siége de la Sous-Préfecture et de celui du Tribunal de première instance.

LE COMMERCE ! quels avantages n'en résultera-t-il pas pour lui ? gêné, retardé journellement aujourd'hui dans ses expéditions maritimes, par la nécessité où il se trouve d'aller se pourvoir dans les bureaux de la Sous-Préfecture des passavans indispensables pour la sortie par mer des grains, légumes et autres comestibles, ainsi que des fourra-

---

vateurs, très-souvent réduits chez eux à une inaction forcée et désespérante, viennent régulièrement tous les dimanches de l'année y chercher le travail qui leur manque, et qu'Arles leur fournit abondamment, et à des prix très-avantageux ? N'est-il pas surprenant de voir figurer parmi ces Maires signataires, ceux de *Fontvielle* et de *Mas-blanc*, qui attestent au Gouvernement, que leurs habitans, justiciables de l'une des deux justices de paix d'Arles, *n'ont aucun lien de correspondance, ni aucun motif de liaison avec cette Ville.*

Bergues aussi opposoit à Dunkerque le vœu de cinquante Communes, et ce vœu étoit celui de leurs habitans réunis en assemblées primaires. Il n'a pu prévaloir contre les avantages d'une translation qui, comme celle sollicitée par la ville d'Arles, étoit fondée sur les motifs les plus puissans.

ges et pailles dont le port d'Arles est l'entrepôt, il ne sera plus exposé à voir compromettre le succès de ses opérations, qui dépend toujours de la rapidité avec laquelle elles sont conçues, exécutées (*s*).

La Navigation ! une marine nombreuse (*t*) forme une partie de la population de cette intéressante cité. Le commerce maritime qu'elle vivifie, mérite sans doute d'être soutenu, encouragé, protégé. Combien le sera-t-il lorsque les autorités seront à portée de favoriser ses entreprises, d'aplanir sans retard les difficultés qu'il peut rencontrer : et dans ce moment à combien de lenteurs mortifères à son activité, n'est-il pas exposé par l'éloignement du Tribunal, de celui surtout de la Police correctionnelle auprès duquel les marins peuvent être et sont souvent cités.

(*s*) Voyez les lois sur l'exportation des grains, farines, fourrages, légumes et autres commestibles ; voyez encore le certificat du Receveur et de l'Inspecteur principal des Douanes, à la fin du mémoire.

(*t*) Il existe au port d'Arles quatre-vingt-douze bâtimens de mer, faisant habituellement le petit cabotage et quelquefois le grand, destinés aux transports du commerce et du service de l'État. *Voyez aux pièces justificatives le certificat du Sous-Commissaire de la marine.* Le nombre des marins inscrits au Bureau des classes est d'environ 1300, y compris les ouvriers attachés à la marine.

L'AGRICULTURE enfin ! quelle Commune plus digne, sous ce rapport, des attentions du Gouvernement ? son immense territoire formeroit presque à lui seul un département. Il est susceptible de tous les genres de culture et de productions (*u*);

(*u*) Le territoire de la ville d'Arles est divisé en quatre quartiers principaux : savoir *la Crau* à l'est sud-est de la ville, *le Trébon* à l'est, *le Plan-du-bourg* au sud, et *l'isle de la Camargues* au sud-ouest.

La Crau est une vaste plaine couverte de cailloux. Le produit de la majeure partie de ce quartier consiste dans ses pâturages, où sont élevés de nombreux troupeaux de bêtes à laine, et dans le kermès ou *vermillon* qui se trouve assez abondamment dans les bois de chênes-verds qu'on y rencontre. La partie qui avoisine la ville, et jusqu'à la distance de 20 kilomètres, est ou complantée en vignes, mûriers et oliviers qui, avant la dernière mortalité étoient du plus grand rapport ; ou couverte de prairies qui procurent une exportation considérable de fourrages excellens, lorsque la trop grande sécheresse de l'été ne les prive pas de l'eau du canal de Crapone qui les arrose. Elle fournit d'ailleurs quelque peu de blé, d'orge et d'avoine, ainsi qu'une grande quantité de légumes et fruits d'été, quoique d'ailleurs ce genre de production n'y soit pas porté au degré de rapport dont il est susceptible.

Le Trébon, le Plan-du-bourg offrent d'immenses fermes, dont le rapport en blé, orge, avoine et fourrages est très-considérable, quand les inondations du Rhône, la sécheresse ou les brouillards à la veille de la récolte ne viennent pas tromper l'espoir du fermier et du propriétaire.

ses habitans n'ont besoin que de quelques encouragemens pour les entreprendre et les multiplier. C'en seroit un déjà bien précieux pour eux que la présence des autorités protectrices de leur industrie. Ils verroient avec reconnoissance que le Gouvernement s'occupe de l'amélioration de leur sort. Certains alors que désormais leurs canaux de desséchement et d'arrosage, leurs ouvrages de l'art destinés à les garantir des inondations, ne seroient plus abandonnés à un aveugle hasard, que leur entretien constamment surveillé ne leur laisseroit plus à craindre les événemens désastreux qui ont si souvent porté la désolation et la ruine dans leurs propriétés ; l'espérance renaîtroit dans leurs cœurs flétris par une longue misère, et avec elle l'activité dans leurs travaux et dans leurs entreprises agricoles.

La Camargues est en partie défrichée, partie inculte et partie inondée. La partie défrichée offre, comme le Trébon et le Plan-du-bourg de vastes domaines qui produisent également en abondance du blé, de l'orge, de l'avoine et des fourrages.

La partie inculte, couverte de grandes prairies naturelles, nourrit de nombreux troupeaux de bêtes à laine, de bœufs et de chevaux.

La partie inondée donne du sel, de la soude, mais enlève un terrein immense à l'agriculture. On y trouve des étangs extrêmement poissonneux, parmi lesquels on distingue celui du *Valcarés* qui a une étendue considérable.

Bientôt leur territoire, même cette portion que les malheurs des tems ont enlevé à l'agriculture, seroit cultivé et porté à ce degré de prospérité et de fertilisation dont il est susceptible. Bientôt leurs nombreux troupeaux de bêtes à laine, leurs haras de chevaux, leurs bœufs si nécessaires à la culture de leurs domaines se rétabliroient dans l'état florissant où ils étoient autrefois ; leurs forêts d'ormeaux, de ces arbres si précieux pour la marine et l'arsenal de Toulon, se repeupleroient, la richesse des habitans d'Arles si prônée ne seroit plus une fiction, et le Gouvernement, après avoir semé ses bienfaits sur une terre fertile et reconnoissante, en recueilleroit les doux fruits par l'accroissement des contributions publiques que la ville d'Arles verseroit dans ses coffres, et qui, nous n'en doutons pas, égaleroient celles de tout un département.

Tout se réunit donc en faveur de la ville d'Arles : en possession depuis un tems immémorial des établissemens publics, elle conserva, sous l'empire de la constitution de 1789 et de celles qui lui succédèrent, ceux qui concordèrent avec le régime qu'elles établirent. En l'an 8, la France épuisée au dehors par une guerre désastreuse, en proie au dedans aux factions qui la déchiroient étoit au moment de voir crouler l'édifice de sa liberté. Le besoin d'un nouveau pacte social étoit généralement senti. Tous les bons citoyens, las de ce long période d'orages et de malheurs, le réclamoient à grands cris. Un Héros que le génie protecteur de la patrie lui réservoit pour sa gloire et son bonheur, accourt de l'Orient; il en pose les fondemens; l'espérance renaît dans le cœur des Français, les destinées du peuple le plus puissant du monde sont enfin fixées; à la voix de son régénérateur, tout rentre dans l'ordre. A l'extérieur nos armées triomphent, les puissances continentales humiliées demandent et obtiennent la paix. Si la fière et imprudente Albion se refuse à y accéder, si après l'avoir acceptée comme une grace, elle ne tarde pas à en violer les conditions, bientôt cette nouvelle Carthage subira le châtiment terrible dû à ses perfidies réitérées.

Au dedans la rebellion de l'ouest est étouffée, les factions se calment, la réformation des mauvaises lois se prépare, toutes les branches de l'administration publique s'organisent; quelques erreurs, il est vrai, s'y glissent : le Gouvernement au milieu du cahos que sa grande ame avoit à débrouiller, pouvoit-il s'en garantir? Arles, la ville la plus importante de tout le troisième arrondissement de son département, sous les rapports de sa population, de son territoire, de ses contributions publiques, de ses relations commerciales, est oubliée dans le tableau de répartition des établissemens publics. Les inconvéniens qui en résultent ne tardent pas à être reconnus, le Gouvernement balancera-t-il d'y remédier? non, il replacera cette intéressante cité au rang qu'elle n'a pas dû perdre. En lui rendant cette justice, il n'encourra point le reproche de versatilité dans ses actes, parce que ce changement est réclamé par les intérêts les plus puissans, les plus majeurs, ceux du commerce, de la navigation et de l'agriculture. Les habitans du troisième arrondissement, dépouillés bientôt de la prévention qu'on a pu leur inspirer, le regarderont comme un bienfait. La ville de Tarascon elle-même, faisant le sacrifice d'un amour propre bien naturel, reconnoîtra aussi, qu'elle ne pouvoit sans injustice, sans détriment pour l'État, conserver des établissemens que l'erreur seule avoit placés dans ses murs, et ses habitans unis depuis long-tems avec ceux d'Arles par les liens les plus doux de l'estime, de l'amitié, du voisinage, s'empresseront à les resserrer, pour ne former, pour ainsi dire, désormais qu'une même famille, dont l'unique émulation sera de se surpasser dans le tribut de reconnoissance et d'amour qu'ils doivent à l'immortel BONAPARTE, à qui il ne manquoit plus pour conduire plus surement le vaisseau de l'État au port de salut et de gloire, que de voir fixer à jamais dans son auguste famille le pouvoir suprême dont il dispose avec tant de sagesse, de justice et de modération. Déjà le Tribunat en a exprimé le vœu. C'est celui de tous les amis de la patrie, qui en attendent l'adoption comme un nouveau bienfait.

NOTA. *La Carte que nous avons annoncée ne peut paroître en même tems que ce mémoire. Obligés de l'envoyer à Paris pour y être gravée, nous éprouvons des retards auxquels nous ne nous attendions pas. Nous nous bornons à en joindre une copie à l'exemplaire destiné au Citoyen Conseiller-d'État Prefet. Aussitôt que les estampes nous seront parvenues, nous aurons soin de les distribuer aux personnes auxquelles le mémoire l'aura été.*

Au surplus cette Carte n'est qu'une nouvelle édition de celle faite par le citoyen Guimet ingénieur du département, pour l'intelligence du canal des Alpines, et présentée en l'an 8 au Gouvernement.

PIÈCES JUSTIFICATIVES.

N.° 1.

Nous Inspecteur et Receveur principal du Bureau des Douanes d'Arles, certifions et attestons, que l'administration des Douanes éprouve un préjudice notable du placement à Tarascon, du Chef-lieu du troisième arrondissement, dont la ville d'Arles qui en est la plus considérable, réclame avec justice la translation dans ses murs.

1.° Il entre annuellement dans le port d'Arles et il en sort environ six cent mille quintaux décimaux de marchandises et denrées de toute espèce. Cet important cabotage occasionne fréquemment des contestations, dont la majorité, ainsi que celles relatives aux marchandises anglaises, sont directement portées au Tribunal de première instance de Tarascon. Il est difficile aux officiers du bureau d'Arles de les soigner et de les suivre avec la même exactitude que si ce Tribunal étoit placé à Arles.

2.° Les contraintes à décerner pour le non rapport des acquits-à-caution délivrés pour les grains ne pouvant être mis à exécution qu'après avoir été visés par le président du Tribunal ; le receveur est fréquemment obligé de se déplacer et de séjourner quelquefois plusieurs jours de suite à Tarascon, quand la multiplicité des affaires du Tribunal l'empêche de lui faire prompte expédition.

Ce retard est aussi préjudiciable à l'administration par celui qu'il fait subir aux autres affaires dont le receveur est chargé.

3.° Les préposés étant tenus de prêter serment devant ce Tribunal, plusieurs d'entr'eux, à cause de son éloignement et retenus par leurs occupations ne remplissent pas cette formalité.

4.° Le Sous-Préfet devant viser les rôles d'appointemens de ces préposés qui sont au nombre d'environ cent hommes, il devroit en faire tous les mois l'appel nominal. La chose ne peut s'exécuter vu l'éloignement de la Sous-Préfecture, et ce magistrat ne peut exercer la surveillance que l'intérêt du Gouvernement exigeroit à cet égard sur ce nombre d'employés, extrêmement utiles pour empêcher la contrebande, l'introduction des marchandises anglaises, et pour garder une côte d'environ vingt-huit lieues anciennes.

5.° Le cabotage des grains, qui est une des plus fortes branches du commerce d'Arles, souffre beaucoup du non placement de l'autorité de Sous-

Préfecture à Arles. Les négocians sont d'abord obligés de passer un cautionnement qui doit être visé et accepté par le receveur. Ils vont ensuite présenter leurs pétitions au Sous-Préfet de Tarascon, à l'effet d'obtenir l'autorisation nécessaire pour le transport de leurs grains à Marseille. De retour à Arles il arrive souvent, qu'ayant à ajouter ou à diminuer sur leurs chargemens, ils sont obligés de faire de nouveaux voyages à Tarascon pour régulariser leurs expéditions; ce qui les expose à de la dépense et à des pertes de tems qui augmentent le prix de la denrée. Un inconvénient plus grave encore se présente journellement, par l'inconstance du cours des eaux à l'embouchure du Rhône. Le négociant qui fait un chargement de grains au port d'Arles, se règle sur la profondeur d'eau qui existe à ce moment à l'embouchure du fleuve, afin que le navire puisse la franchir. A peine a-t-il obtenu les expéditions et acquits nécessaires, que l'eau diminue. Alors il est obligé de débarquer une partie de ses grains, afin que son navire puisse faire route; mais avant tout, il est obligé de recourir de nouveau au Sous-Préfet pour faire diminuer la quantité de grains portée sur son permis. Ce magistrat n'accorde cette nouvelle permission, qu'après avoir consulté le Receveur de la douane, pour connoître la vérité, ce qui entraîne des longueurs et de la dépense. Il arrive aussi, et surtout en hiver, qu'un négociant retardé par les voyages qu'il est obligé de faire à Tarascon, manque ces beaux jours favorables à la navigation, et, que les vents changeant dans ces entrefaites, son navire se trouve arrêté au port pour un et quelquefois deux mois, ce qui occasionne une perte considérable aux marins, procure des pertes au marchand dans la vente de sa marchandise, et lui cause aussi des avaries.

Et pour être la vérité telle, les soussignés en ont délivré le présent certificat.

A Arles, le douze floréal an douze de la République française.

Signés ESMENARD Inspecteur,

FABRÉ Receveur principal.

N.° 2.

Arles, le 6 Floréal an 12.

LE Sous-Commissaire de Marine, chargé des approvisionnemens et de l'inscription maritime, certifie qu'il y a au port d'Arles quatre-vingt-douze bâtimens faisant le petit cabotage, et quelquefois le grand, destinés aux transports du commerce et du service, ainsi qu'il conste par les registres déposés au bureau de la marine en ce port.

ROUBIN.

N.° 3.

ÉTAT de la Répartition de la Contribution Foncière du troisième Arrondissement et de la ville d'Arles.

ANNÉES.	RÉPARTITION DU III.E ARRONDISSEMENT. f.	c.	RÉPARTITION DE LA VILLE D'ARLES. f.	c.
An IX. En principal et cent.es additionnels.	484150		202000	
An X. *Idem*	549376		229923	60
An XI. *Idem*	549376		229923	60
An XII. *Idem*	448875		169396	62

CERTIFIÉ conforme aux mandemens desdites années, à Arles le 4 Floréal an 12 républicain.

FAUCHIER, *Secrétaire-adjoint.*

N.° 4.

TABLEAU

De la totalité des droits perçus dans les divers bu-reaux de la Régie de l'Enregistrement, situés dans le troisième arrondissement du département des Bou-ches-du-Rhône, depuis le premier jour de l'an 10 jusques et inclus le 30 Ventôse an 12.

ANNÉES des RECETTES.	TRIMESTRES.	PRODUITS.		TOTAL.	
An 10.	Vendémiaire.	118791	49	680259	94
	Nivôse.	216601	59		
	Germinal.	148773	31		
	Messidor.	196093	55		
An 11.	Vendémiaire.	136014	04	599003	28
	Nivôse.	158818	87		
	Germinal.	142575	69		
	Messidor.	161594	68		
An 12.	Vendémiaire.	276119	88	381089	04
	Nivôse.	104969	16		
TOTAL des perceptions pendant 30 mois . .				1660352	26

PAR la comparaison de ces deux Tableaux, on voit que pendant les trente mois désignés, la totalité des recettes sième Arrondissement, (en y comprenant même les produit qui, d'après les ordres de l'Administration, compte néanm seule a produit à l'État 693,553 f. 86 c. c'est-à-dire, les core faut-il observer que le Bureau des hypothèques d'A présente tous les produits de cette branche essentielle.

TABLEAU

e la totalité des droits dont les seuls bureaux d'Ar-les ont compté pendant le même intervalle.

ANNÉES des RECETTES.	TRIMESTRES.	PRODUITS.		TOTAL.	
An 10.	Vendémiaire.	27691	54	258771	27
	Nivôse.	100074	50		
	Germinal.	47703	50		
	Messidor.	83301	73		
An 11.	Vendémiaire.	46910	02	220450	59
	Nivôse.	70454	61		
	Germinal.	57925	11		
	Messidor.	45160	85		
An 12.	Vendémiaire.	176627	05	214332	00
	Nivôse.	37704	95		
	TOTAL perçu à Arles			693553	86

somme de 1,660,352 f. 26 c. à laquelle s'est élevée, eaux de l'Enregistrement et des Domaines situés dans le tr[illegible] eau de Lambesc, qui dépend du second Arrondissement [illegible] ses recettes à l'Inspecteur du troisième) la Commune d'A[illegible] ièmes deux tiers environ du total de l'Arrondissem[illegible] int été transféré à Tarascon, cette dernière Ville à [illegible]

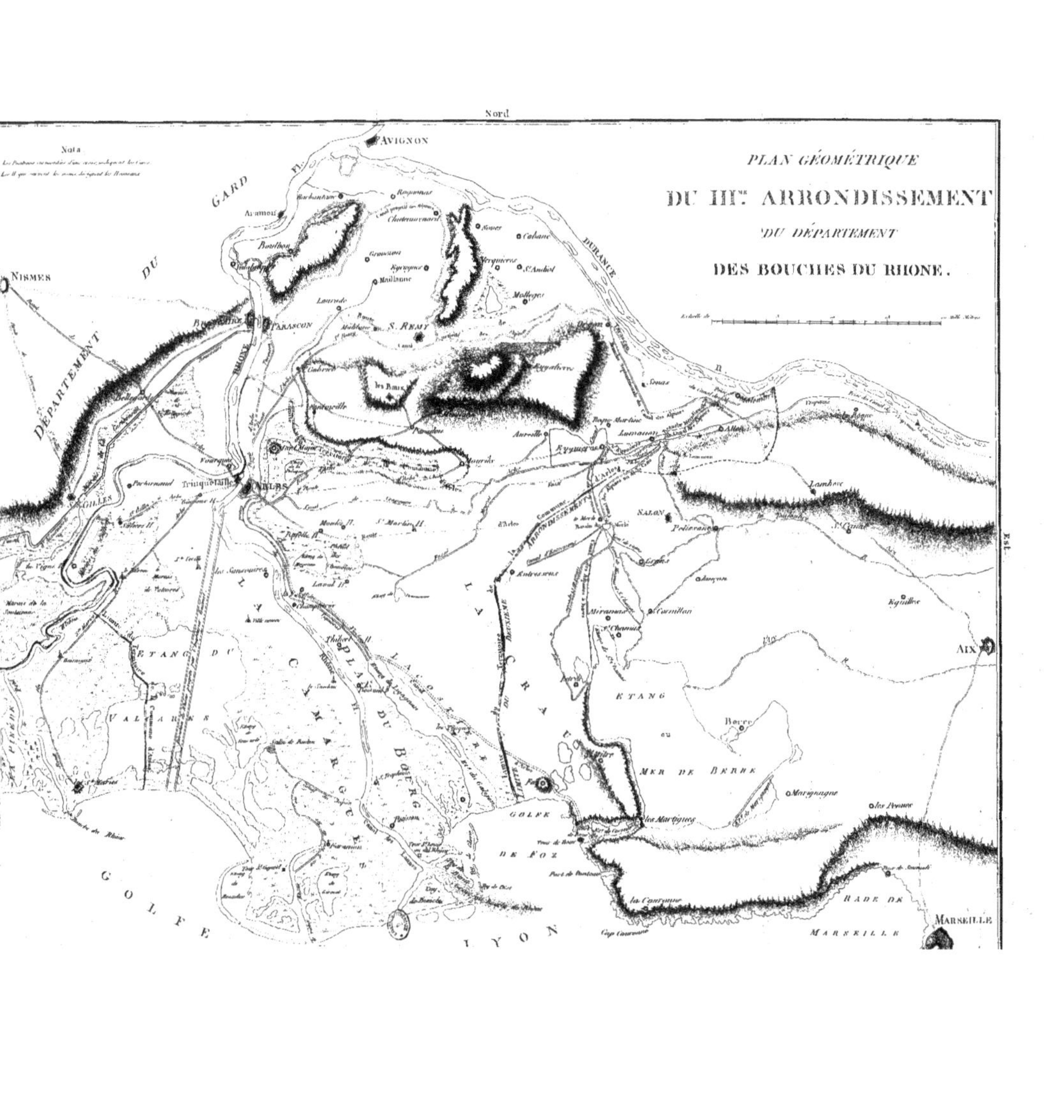

Nord
PLAN GÉOMÉTRIQUE
DU IIIme ARRONDISSEMENT
DU DÉPARTEMENT
DES BOUCHES DU RHONE.
AVIGNON
NISMES
TARASCON
S. REMY
ARLES
SALON
AIX
MARSEILLE
DURANCE
ETANG
MER DE BERRE
GOLFE DE FOZ
GOLFE
LYON
RADE DE MARSEILLE
Est

N.° 5.

TABLEAU

Comparatif des Naissances, Mariages et Décès de la ville d'Arles, avec ceux de la ville de Tarascon, servant à faire connoître la population des deux Villes, et à prouver qu'elles sont au même degré de salubrité; dressé d'après les actes de l'État civil déposés aux archives de la Préfecture du département.

	ÉPOQUES.	NAISSANCES.	TOTAUX.	RÉSULTAT MOYEN.	MARIAGES.	TOTAUX.	RÉSULTAT MOYEN.	DÉCÈS.	TOTAUX.	RÉSULTAT MOYEN.
Arles.	1775.	574			183			870		
	1776.	695	2047	682 $\frac{1}{3}$	185	579	193	889	2458	819 $\frac{1}{3}$
	1777.	778			211			699		
	An 8. 1800.	846			153			804		
	An 9. 1801.	741	2372	790 $\frac{2}{3}$	210	515	171 $\frac{2}{3}$	687	2338	779 $\frac{1}{3}$
	An 10. 1802.	785			152			847		
Tarascon.	1775.	360			88			532		
	1776.	404	1152	384	85	257	85 $\frac{2}{3}$	319	1205	401 $\frac{2}{3}$
	1777.	388			84			354		
	An 8. 1800.	441			85			489		
	An 9. 1801.	422	1256	418 $\frac{2}{3}$	107	283	94 $\frac{1}{3}$	333	1321	440 $\frac{1}{3}$
	An 10. 1802.	393			91			499		

OBSERVATIONS.

D'après le Tableau ci-dessus, on voit que la population d'Arles, calculée sur le nombre des Naissances, Mariages et Décès, est le double de celle de la ville de Tarascon. Or, si cette dernière Ville compte quinze mille ames de population, comme les membres du Conseil d'arrondissement l'avancent dans leur mémoire, page 4, il s'ensuivra que la population d'Arles, non compris la population casuelle des tems de l'été et de l'hiver, non plus que celle des Communes de Fontvielle et de Mas-blanc, sera au moins de trente mille ames.

Ils disent de plus que la ville d'Arles est pestiférée pendant l'été : qu'on fasse attention que la même proportion dans les décès se trouve dans les deux Villes, et il sera démontré que *la santé a tout autant établi son empire dans Arles* [illegible]

www.ingramcontent.com/pod-product-compliance
Lightning Source LLC
LaVergne TN
LVHW021713230826
846091LV00006BA/2165
9782011278975